Illustrations : Francisco Arredondo

Techniparc – Z.A.E. de la Noue-Rousseau
5, rue d'Alembert
91240 Saint-Michel-sur-Orge
Dépôt légal : 3e trimestre 2007
Loi n°49-956 du 16 juillet 1949
sur les publications destinées à la jeunesse.
Imprimé en Espagne.

OBSERVE LES CHEVAUX

ET TROUVE L'INTRUS !

Piccolia

HISTOIRES ET LÉGENDES...

Personne ne sait vraiment à quelle époque les chevaux et les poneys sont devenus les meilleurs compagnons de l'homme. Néanmoins, il existe des représentations d'hommes à cheval remontant à plus de 4 000 ans.

Cherche 4 animaux qui ne sont pas des chevaux.

Sleipnir, le cheval du dieu viking Odin, a huit pattes. **Cherche un autre cheval à 8 pattes.**

Pégase est le cheval ailé de Bellérophon dans la mythologie grecque. **Cherche 5 chevaux ailés.**

Les licornes sont des chevaux mythiques dont le front a une corne torsadée aux pouvoirs magiques.

Cherche 6 licornes.

AUX ÉTATS-UNIS

C'est grâce aux chevaux que les colons ont exploré ce qui allait devenir les États-Unis. L'Amérique du Nord est un continent très vaste. Sans les chevaux et les mulets, les colons européens n'auraient pas pu le traverser.

Les Indiens de toutes les tribus étaient d'excellents cavaliers. Ils montaient à cheval sans selle, on dit aussi « à cru ».

Cherche 3 indiens à cheval.

Cherche 2 chevaux harnachés qui se sont échappés.

Les cow-boys utilisaient les chevaux quarter horses pour guider leur bétail dans les immenses prairies.

Cherche 9 vaches égarées.

Les diligences transportaient les gens, le matériel, ainsi que l'argent et le courrier. **Cherche 6 roues qui se sont décrochées de leur véhicule.**

Cherche 3 pauvres cow-boys solitaires !

LES RACES

Les races de chevaux sont divisées en trois grandes catégories : les chevaux à sang chaud (élégants et rapides), les chevaux à sang froid (lourds et puissants), les demi-sangs (issus du croisement des 2 autres catégories).

Cherche 23 animaux qui ne sont ni des chevaux, ni des poneys, ni des ânes, ni des zèbres.

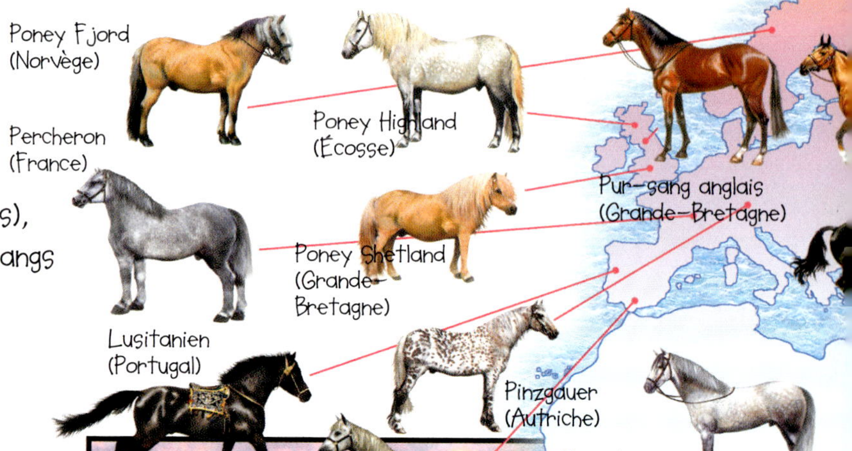

lstein
lemagne)
Akhal-Téké
Russie)
Cheval de Mérens
(Russie)
Waler
(Australie)
Nonius
(Hongrie)
Wielkopolski
(Pologne)
Hémione
(Mongolie)
Cheval de Przewalski
(Mongolie)
Turcoman
(Turkménistan)
Poney de la mer
Caspienne
(Iran)
Arabe
(Arabie)

DRESSER UN CHEVAL SAUVAGE

Apprivoiser un cheval sauvage n'est pas une tâche facile. Dans l'Ouest américain, les vachers attrapaient au lasso les chevaux vivant dans la nature pour ensuite les domestiquer. Cette façon de faire a donné naissance à un sport : le rodéo. Le gagnant de cette compétition est celui qui reste le plus longtemps assis sur le cheval.

Cherche 7 animaux qui n'ont rien à faire dans ce rodéo.

Cherche aussi 10 lassos, 3 paires d'éperons et 6 chapeaux.

Le cow-boy devait tout d'abord isoler un cheval de la horde puis tentait de l'attraper avec son lasso.

Les bottes munies d'éperons sont des accessoires indispensables pour le cow-boy.
Dans la pagaille du rodéo, 7 bottes ont été perdues. Trouve-les.

À PIED, À CHEVAL OU EN VOITURE ?

À toutes les époques, l'homme a toujours voulu parcourir plus de distance chaque jour. C'est ainsi que le cheval s'est trouvé, peu à peu, relégué au second plan par les engins à vapeur puis ceux à essence.

Cherche 5 pigeons parmi toute cette circulation.

Les calèches étaient tirées par des chevaux. Ce type d'attelage est devenu très rare de nos jours.

Pour conduire les premières automobiles, le chauffeur devait porter des lunettes, une casquette et des gants. Cherches-en 4 de chaque sorte.

La Benz Motorwagen est la première automobile à essence et fut créée en 1886. Son moteur pesait 200 kg et avait la puissance de deux chevaux. De nos jours, on mesure encore la puissance des moteurs en « chevaux ».

La première motocyclette du monde date de 1885. C'était une sorte de vélo en métal et en bois sur lequel on avait installé un moteur d'un cylindre seulement.

LA CHASSE À COURRE

La chasse à courre est l'un des plus anciens sports hippiques. Au Moyen Âge, c'était déjà un divertissement pour les personnes riches d'Angleterre. Cette chasse est encore pratiquée de nos jours.

Cherche 3 chats qui feraient mieux de se sauver !

Le renard est particulièrement chassé en Angleterre.
Cherche 2 renards.

Les chiens de chasse sont sélectionnés très jeunes et font l'objet d'un dressage intensif. Au début de leur apprentissage, les chiots sont un peu effrayés par tant d'animation.
Cherche 7 chiots.

Le grand gibier est composé de sangliers, de cerfs, de daims et de chevreuils.

Cherche 1 sanglier et 1 marcassin, 1 daim et 1 faon.

Le petit gibier est composé de lièvres, de renards, de perdrix, de cailles...

CHEVAUX AU TRAVAIL

Le cheval est un animal intelligent, docile et fort. Grâce à toutes ses qualités, l'homme l'a utilisé pour divers travaux : tracter des charrettes, des charrues, des troncs d'arbres, des bateaux le long des cours d'eau... Tout au début de son invention, le tramway était tiré par le cheval avant d'être électrifié !

Cherche 1 animal qui est beaucoup plus lent que le cheval.

Robuste, un cheval de trait a des mouvements calmes. Il est grand et possède une force énorme... Il pourra tirer les **5 troncs que tu dois retrouver !**

4 tonneaux de bière ont roulé de la charrette, cherche-les.

L'âne est plus petit que le cheval mais il est aussi très résistant. Ici, on en voit un qui actionne une roue à godets qui permet de puiser l'eau.
Cherche 3 ânes.

Cherche 7 oies qui se sont évadées sur le chemin du marché.

Cherche 7 bottes de paille tombées d'une charrette.

AU CENTRE ÉQUESTRE...

Le centre équestre est un endroit où les chevaux et poneys sont gardés dans des boxes et peuvent courir sur des terrains de course. Des personnes appelées lads prennent soin des chevaux laissés en pension par leur propriétaire. C'est là aussi que les gens viennent prendre des cours d'équitation.

Cherche 6 selles qu'il faudra penser à ranger.

Pour transporter les chevaux, on utilise des remorques couvertes appelées vans.

Les chevaux aiment la compagnie. Ils sont aussi très curieux : on les voit tout observer, le museau pointé hors du box.

Cherche 14 chevaux qui ne sont pas blancs !

Lors du transport d'un cheval, le véhicule doit être conduit avec douceur et souplesse pour ne pas déséquilibrer et risquer de blesser l'animal.

En général, les enfants s'initient à l'équitation en apprenant tout d'abord à monter sur un poney, qui est bien plus petit qu'un cheval. **Cherche 4 poneys.**

DANS LES ÉCURIES

L'hygiène est très importante pour la santé des chevaux. Chaque cheval doit disposer d'un box suffisamment grand et lumineux avec une litière propre. Ils ne doivent pas passer trop de temps enfermés car ces animaux ont besoin d'exercice.

Cherche 3 balais qui seront bien utiles pour nettoyer l'écurie.

Les seaux et les bassines servent à débarrasser les litières souillées, à donner de l'eau aux chevaux mais peuvent aussi être utilisées comme récipients pour leur nourriture. Dans le dernier cas, on appelle cela des auges.

Cherche 14 seaux de différents types.

Les bottes sont indispensables tant pour monter à cheval que pour nettoyer les écuries.

Cherche 28 bottes portées ou abandonnées par leur propriétaire.

Trouve au moins un outil de chaque sorte.

EN SELLE ET EN SCÈNE !

À toutes les époques, l'habileté, la grâce et l'intelligence du cheval ont été utilisées pour le spectacle. Nous voyons ici quelques démonstrations équestres : tournois, courses de chars, corridas, acrobaties et numéros de cirque…

Cherche 9 animaux qui n'ont rien à faire ici.

Les tournois étaient très prisés au Moyen Âge. **Cherche 7 lances et 9 boucliers.**

Trouve 3 épées et 4 casques perdus.

Dans la Rome antique, les **courses de char** se déroulaient dans des arènes adaptées. Les conducteurs (auriges) pouvaient conduire des quadriges, des chars à 4 chevaux.

Au cirque, les numéros équestres sont très appréciés.
Cherche 8 quilles de jonglage.

LES SPORTS ÉQUESTRES

Il existe beaucoup de variétés de sports dans lesquelles intervient le cheval. On y remarque son habileté, sa puissance et sa rapidité. Dans ces disciplines, le cheval est un sportif à part entière.

Cherche 3 animaux qui courent également très vite.

Le horse-ball est une sorte de basket-ball qui se pratique à cheval.
Cherche 5 balles égarées.

Cherche 20 casques.

Le cross est une course d'obstacles avec des difficultés de différentes natures.

Dans le saut d'obstacles, le cavalier et son cheval doivent faire le parcours le plus rapidement possible en démolissant le moins d'obstacles possible.

Certaines courses sont très difficiles et dangereuses.

Le trot attelé fait penser aux courses de chars romaines mais avec un seul cheval et un attelage beaucoup plus léger.

Le joueur de polo utilise une sorte de canne de golf. **Cherche 6 boules et 7 cannes.**

LES CHEVAUX DE BATAILLE

Les chevaux ont été utilisés dans toutes les guerres jusqu'à celle de 1914–1918. Ils tiraient les lourds canons, les chariots d'armes, de munitions, de vivres et les roulottes des services médicaux.

Cherche 6 chiens qui feraient mieux de se sauver !

Les chevaux de bataille étaient menés à rude épreuve. Beaucoup étaient blessés ou mouraient.

Dans l'Ouest américain, les guerres menées contre les Indiens furent nombreuses. Les chevaux étaient le seul moyen de locomotion des deux camps. Dans sa fuite, une diligence a perdu **4 paquets**. **Cherche-les.**

Cherche 9 flèches perdues.

Malheureusement pour les Indiens, voilà la cavalerie !
Cherche 13 trompettes.

2